Ernst Probst

Was wissen wir über die Steinzeit?

Wie unsere Vorfahren lebten

Ernst Probst

Was wissen wir über die Steinzeit?

Wie unsere Vorfahren lebten

GRIN Verlag

1. Auflage 2012
Copyright © 2012 GRIN Verlag GmbH
http://www.grin.com
Druck und Bindung: Books on Demand GmbH, Norderstedt Germany
ISBN 978-3-656-23333-6

Steinschläger in der Altsteinzeit
vor etwa 440.000 Jahren

Ernst Probst

Was wissen wir über die Steinzeit?

Wie unsere
Vorfahren lebten

Trommler in der Jungsteinzeit.
Zeichnung von Fritz Wendler

*Dem Kunstmaler Fritz Wendler
(1941–1995) gewidmet,
der für meine Bücher
„Deutschland in der Urzeit" (1986)
und „Deutschland
in der Steinzeit" (1991)
zahlreiche Ölgemälde
und Zeichnungen geschaffen hat,
sowie Shuhei Tamura,
der mich bei zahlreichen Büchern
über urzeitliche Raubkatzen
unterstützt hat.*

Jagd auf einen Waldelefanten
in der Altsteinzeit vor über 100.000 Jahren
in Norddeutschland

Was wissen wir eigentlich über das Leben unserer steinzeitlichen Vorfahren? Eigentlich nur das, was mehr oder minder zufällig entdeckte archäologische Funde aussagen. Sie gelingen zum Beispiel bei Bauarbeiten, bei denen Reste von Siedlungen, Jagdbeute, Werkzeuge, Waffen, Gräber oder Friedhöfe aufgedeckt werden. Es ist ein großes Glück für die Prähistoriker, wenn in einem solchen Fall irgendein geschultes Auge sofort die wahre Natur derartiger Hinterlassenschaften erkennt und der zuständigen Stelle meldet.

Urgeschichtliche Zeugnisse aus der Steinzeit werden aber auch beim Absuchen von Kies- und Sandgruben sowie von Äckern geborgen. Manchmal geschieht dies jahrelang, etwa wenn beim Pflügen eines Feldes immer wieder Steinwerkzeuge oder Reste von Tongefäßen an die Erdoberfläche befördert werden. Nicht in jedem Fall meldet der Landwirt oder Hobby-Archäologe sofort die Funde dem nächstliegenden Landesamt für Denkmalpflege, Museum oder Universitätsinstitut. Dadurch werden die Fundzusammenhänge unzureichend dokumentiert, aussagekräftige Hinterlassenschaften nur unbeholfen restauriert, konserviert und nicht selten sogar zerstört. Hinzu kommt, dass ein im Wohnzimmer aufbewahrter archäologischer Fund, von dem niemand weiß, für die Fachwelt nicht existiert.

*

Stark eingeschränkt wird das Wissen über das Leben steinzeitlicher Menschen auch durch die Erhaltungsfähigkeit des Rohstoffes, aus dem die

Produkte verschiedenster Art angefertigt sind. Denn der Nachwelt werden nur die widerstandsfähigsten Materialien überliefert. Also Gegenstände aus Stein, Geweih, Knochen, Elfenbein, Tierzähnen und Metallen. Funde aus Holz, Rinde, Tierfell und -haut oder Stoffe aus Leinen oder Schafwolle sind große Seltenheiten. Solche Stücke überdauern nur dann Jahrtausende, wenn sie luftdicht konserviert worden sind.

Die unterschiedliche Erhaltungsfähigkeit von Rohstoffen ist einer der Gründe dafür, weshalb die Anfänge der Menschheitgeschichte heute als Steinzeit bezeichnet werden. Vor allem aus den frühesten Abschnitten sind neben menschlichen Skelettresten und ganz seltenen Resten von Behausungen meist nur Steinwerkzeuge bekannt. Reste von Holz, aus dem nach Ansicht vieler

Christian Jürgensen Thomsen (1788–1865)

Prähistoriker mehr Gegenstände als aus Stein angefertigt wurden, haben dagegen lediglich in Ausnahmefällen überdauert. Wäre es anders, würde man jetzt vielleicht von einer Holzzeit sprechen.

Der Begriff Steinzeit, den der dänische Archäologe Christian Jürgensen Thomsen (1788–1865) aus Kopenhagen im Jahre 1836 eingeführt hat, ist dennoch gut gewählt. Denn dank der im Laufe der Zeit immer mehr vervollkommneten Steinbearbeitung mit unterschiedlichen Werkzeugtypen lassen sich vor allem die Abschnitte der älteren und der mittleren Steinzeit einteilen. Da der Beginn der Steinzeit mit dem Auftreten der ersten Steinwerkzeuge gleichgesetzt wird, setzt die Steinzeit in Afrika schon vor mehr als zwei Millionen Jahren ein. So alt sind primitive, nur mit wenigen Steinschlägen zurechtgehauene

Steinwerkzeuge von Koobi Fora in Kenia und von Omo in Äthiopien. Als Erzeuger dieser groben Geröllgeräte gilt der Frühmensch *Homo habilis*, der früheste Vertreter der Gattung *Homo* (Mensch), zu der auch wir gehören. *Homo habilis* lebte – nach den Funden zu schließen – nur in Afrika. Dieser Vorfahre jagte bereits Großwild, wie Jagdbeutereste von Flusspferden und Giraffen zeigen.

*

In Asien und Europa beginnt die Steinzeit erst vor mehr als einer Million Jahren. Zu diesem Zeitpunkt hatten die in Afrika seit mehr als 1,5 Millionen Jahren nachweisbaren Frühmenschen der Art *Homo erectus* (aufrecht gehender Mensch) auch andere Erdteile zu Fuß erobert.

Als die ältesten Skelettreste von *Homo erectus* in Asien gelten die über eine Million Jahre alten Funde von Modjokerto und Sangiran auf Java in Indonesien. In Europa wird der mehr als eine Million Jahre alte Schädelrest von Orce als Senior unter den europäischen Urmenschen betrachtet. Es sei nicht verschwiegen, dass der „Mensch von Orce" zeitweise als Wildesel gedeutet wurde. Bis zur Entdeckung des spanischen Frühmenschen hatte man den etwa 630.000 Jahre alten Unterkiefer des Heidelberg-Menschen von Mauer bei Heidelberg für den Überrest des ältesten Europäers gehalten.

Die Frühmenschen der Art *Homo erectus* haben schon vor mindestens 1,4 Millionen Jahren das auf natürliche Weise durch Blitzschläge oder Waldbrände entstandene Feuer gezähmt und gehütet. Das dokumentieren mehr als 40 Stücke

Bilder auf den Seiten 14 und 15:

Heidelberg-Menschen und Tiere
in der Altsteinzeit vor rund 600.000 Jahren
in Südwestdeutschland.
Gemälde von Fritz Wendler
für das Buch
„Deutschland in der Urzeit" (1986)
von Ernst Probst

gebrannten Lehms von einer Feuerstelle bei Chesowanja in Kenia. Als die ältesten Feuerspuren in Europa werden angekohlte Tierknochen und Holzkohlestückchen aus der Höhle Sandalja I bei Pula in Istrien (Jugoslawien) betrachtet. Sie stammen aus der Zeit vor etwa einer Million Jahren. In Deutschland belegen Feuerstellen vor kleinen Hütten in Bilzingsleben in Thüringen die Kenntnis des Feuers vor etwa 300.000 Jahren. Zu den wichtigsten Erfindungen der *Homo erectus*-Frühmenschen gehören der aus verschiedenen Steinarten zurechtgehauene Faustkeil, der als Universalwerkzeug zum Schlagen, Schneiden und Stechen diente, und die hölzerne Lanze, neben dem Feuer eine der wenigen Waffen gegen gefährliche Raubtiere. Die damaligen Jäger und Sammler mussten sich vor Löwen, Leoparden und Säbelzahnkatzen (Säbelzahntiger) hüten.

Heidelberg-Mensch

vor mehr als 600.000 Jahren

Lagerleben von Frühmenschen in Bilzingsleben in Thüringen vor rund 300.000 Jahren

Mosbacher Löwe (Panthera leo fossilis),
ein gefährlicher Zeitgenosse
der Frühmenschen in Europa
vor etwa 700.000 bis 300.000 Jahren

Mosbacher Löwe (Panthera leo fossilis).
Diese Raubkatze erreichte eine Gesamtlänge
von maximal 3,60 Metern
und war viel größer als heutige Löwen.

Jaguar (Panthera onca gombaszoegensis),
ein Zeitgenosse
der Frühmenschen in Europa

Gepard (Acinonyx pardinensis),
ein Zeitgenosse
der Frühmenschen in Europa

*Säbelzahnkatze (Homotherium crenatidens),
ein Zeitgenosse
der Frühmenschen in Europa*

Die Zeichnungen auf den Seiten 20 bis 24 wurden von dem japanischen Künstler Shuhei Tamura aus Kanagawa geschaffen, der eine Vorliebe für urzeitliche Raubkatzen hat. Tamura zeichnete und malte unter anderem prähistorische Löwen, Säbelzahnkatzen, Dolchzahnkatzen, Jaguare, Leoparden und Geparde. Bilder von Tamura schmücken zahlreiche Taschenbücher des Wiesbadener Wissenschaftsautors Ernst Probst. Sehenswerte Farbbilder ausgestorbener Raubkatzen von Tamura findet man bei Flickr unter folgender Adresse im Internet: http://tinyurl.com/6kz5bww

Foto auf Seite 27:

Schädel eines Mosbacher Bären
(Ursus deningeri)
aus dem Eiszeitalter
vor etwa 600.000 Jahren
vom Fundort Mosbach-Sande bei Wiesbaden.
Original im
Naturhistorischen Museum Mainz

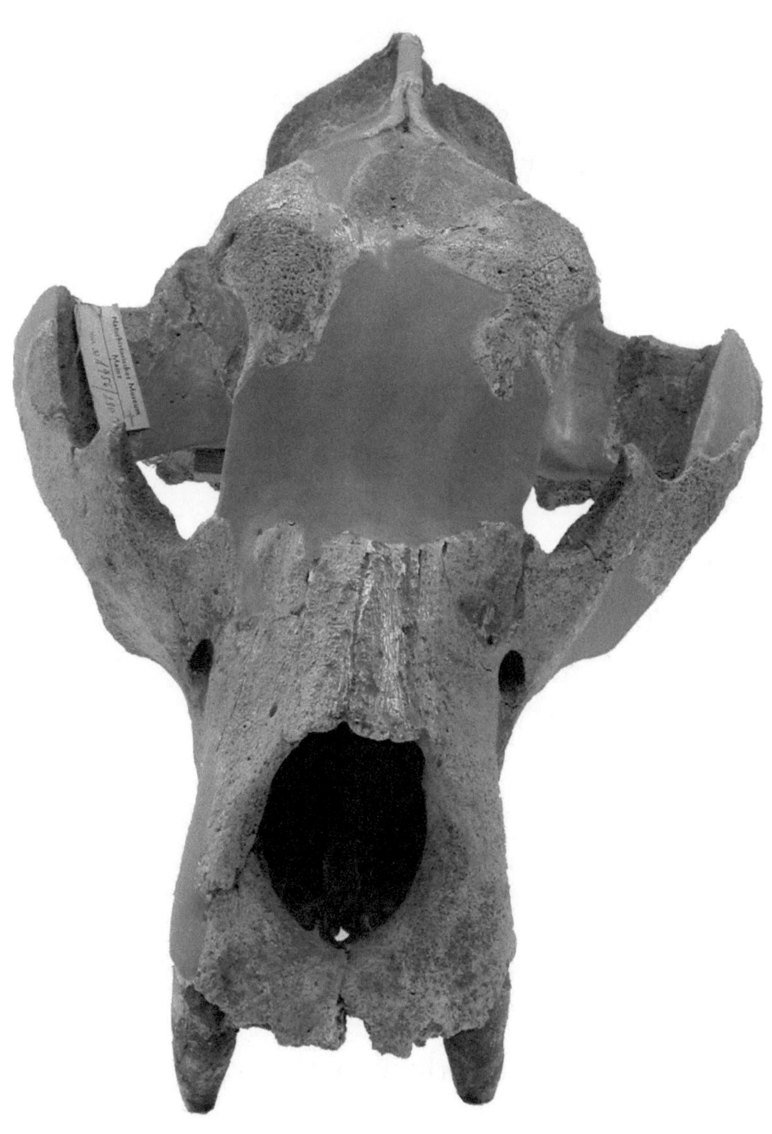

Über die Gedankenwelt der Frühmenschen vor mehr als einer Million bis etwa vor 300.000 Jahren in Europa ist wenig bekannt. Die Funde von Choukoutien bei Peking in China und von Bilzingsleben in Deutschland beweisen rituell motivierten Kannibalismus vor etwa 500.000 bzw. 300.000 Jahren. Menschenfleisch diente vermutlich nicht als normale Kost, sondern wurde in der Absicht verzehrt, dadurch besondere Fähigkeiten des gewaltsam Getöteten oder auf natürliche Weise verstorbenen Sippenangehörigen zu übernehmen.

*

Ob die Frühmenschen bereits gesungen, getanzt und musiziert haben, darüber verraten die archäologischen Funde nichts. Gesang, Tanz und

Musik gelten als Ausdruck von Gefühlen der Freude, Trauer oder Furcht. Zudem stärken sie das Selbstwertgefühl und den sozialen Zusammenhalt. Zumindest ein Teil dieser Voraussetzungen dürfte zu Lebzeiten der Frühmenschen vorgelegen haben.

Ein heilloses Durcheinander herrscht derzeit noch bei der Benennung der menschlichen Skelettreste aus der Zeit vor etwa 300.000 bis 115.000 Jahren. Manche Prähistoriker bezeichnen diese Vorfahren nach einem süddeutschen Fundort als Steinheim-Menschen, andere nennen sie Präneandertaler oder Anteneandertaler (Vorneandertaler). Außerdem spricht man auch von Präsapienten oder frühen Neandertalern.

Als der bekannteste Fund aus der Zeitspanne vor etwa 300.000 Jahren gilt der Schädel, der in

Steinheim-Mensch

Steinheim an der Murr in Baden-Württemberg entdeckt wurde. Er stammt von einer Frau, der von Zeitgenossen der Schädel eingeschlagen wurde. Nach der Gewalttat hat man den Schädel vom Hals getrennt und ihn geöffnet, um das Hirn entnehmen und verzehren zu können. Dieses Beispiel eines makaberen Brauchs des Schädelkults war in der Steinzeit kein Einzelfall. Es straft das Schlagwort von der „guten alten Zeit" Lügen.

*

Wenn vom Neandertaler die Rede ist, versteht man darunter die Urmenschen vor etwa 115.000 bis 35.000 Jahren. Dieser Zeitraum entspricht dem Beginn der letzten Eiszeit des von starken Klimaschwankungen geprägten Eiszeitalters bis

*Rekonstruktion eines Neandertalers
aus dem Jahre 1888*

zum Auftreten des ersten anatomisch modernen Jetztmenschen in Mitteleuropa, nämlich dem *Homo sapiens sapiens*. Die Neandertaler vor etwa 115.000 bis 35.000 Jahren werden von den Experten als späte oder so genannte „klassische Neandertaler" bezeichnet.

Kein anderer Urmensch ist in der Vergangenheit so oft als primitiver Vorfahre verkannt worden wie der Neandertaler. Es begann schon bei der Entdeckung durch zwei Steinbrucharbeiter, die seine Skelettreste für die eines Höhlenbären hielten und achtlos wegwarfen. Erst der zufällig vorbeikommende Steinbruchbesitzer ließ die Knochen bergen und meldete sie dem als Höhlenspezialisten bekannten Elberfelder Realschullehrer Johann Carl Fuhlrott (1803–1877), der häufig fälschlicherweise als Entdecker genannt wird. In Wirklichkeit war es sein

Verdienst, als erster das geologisch hohe Alter dieses Fundes erkannt zu haben. Andere Koryphäen der damaligen Zeit dagegen taten den Schädel des Neandertalers als Rest eines mongolischen Kosaken, eines Holländers oder eines Idioten ab. Erst 1901 setzte sich die Anerkennung des wahren Alters des Neandertalers durch.

Heute weiß man, dass die Neandertaler keineswegs schwerfällige Urmenschen waren, die zumeist in Höhlen faul auf Bärenfellen lagen und angeblich sogar nicht sprechen konnten. Moderne Anthropologen meinen, ein Neandertaler im Anzug würde in der Straßenbahn nicht auffallen. Sein Gehirn war schon so groß wie das der jetzigen Menschen. Die Neandertaler wohnten nicht ausschließlich in Höhlen, sondern haben meist im Freiland Hütten errichtet. Sie waren sogar die ersten unserer Vorfahren, die ihre Verstorbenen sorgfältig bestatteten und mit Speisen, Werkzeugen und Waffen für das Leben im Jenseits ausstatteten. Aus diesem Grund werden die Neandertaler als die ersten Menschen bezeichnet, die religiöse Vorstellungen hatten. Aber auch sie betätigten sich weiterhin gelegentlich als Kannibalen und tranken manchmal aus Bechern, die sie aus menschlichen Schädeldächern hergestellt hatten.

Funde aus England (Pin Hole) und Ungarn (Tata) beweisen, dass die Neandertaler bereits Musikinstrumente kannten. Dabei handelt es sich um Schwirrgeräte, mit denen man einen wechselnden hohen und tiefen Summton erzeugen konnte, wenn man sie an einem Riemen hängend rasch kreisen ließ. Solche Schwirrgeräte wurden noch in historischer Zeit

Bild auf Seite 37:

Neandertal bei Düsseldorf-Mettmann
in Nordrhein-Westfalen im Jahre 1835.
Der Name Neandertal erinnert
an den Kirchenkomponisten und Pastor
Joachim Neander (1650–1680).
Bis 1901 war die Schreibweise
„Neanderthal" mit „h" üblich.

Neandertaler
bei der lebensgefährlichen Jagd
auf Höhlenbären

vor allem als Kultgerät von Ureinwohnern Australiens, Melanesiens, Afrikas und Südamerikas benutzt. Ihren Überlieferungen zufolge soll das Schwirrgerät von einem mythischen Wesen geschaffen worden sein, als dessen Stimme es gilt. Als Musikinstrumente deutet man zudem von Menschenhand bearbeitete Höhlenbärenknochen, mit denen sich Töne erzeugen ließen. Überholt scheint inzwischen auch die in älterer Literatur vertretene Ansicht zu sein, die Neandertaler hätten noch keinen Schmuck getragen. Denn in Baden-Württemberg (Bocksteinschmiede) hat man einen kleinen durchbohrten Schwanzwirbel und ein ebenfalls durchlochtes Knochenstück von einem Wolf geborgen, die vielleicht als Anhänger dienten.

Es ist nach wie vor ein großes Rätsel, was aus den Neandertalern geworden ist. Einige

Wissenschaftler meinen, sie seien vor etwa 35.000 Jahren vor dem Eintreffen der ersten anatomisch modernen Jetztmenschen ausgestorben. Andere sagen, die Neandertaler seien von den frühen Jetztmenschen ausgerottet worden. Es gibt aber auch Anthropologen, die behaupten, die Neandertaler und die ersten Jetztmenschen hätten sich gekreuzt, was bei Unterarten durchaus möglich ist. Außerdem existiert die Theorie, die Neandertaler seien überhaupt nicht ausgestorben, sondern aus ihnen seien allmählich die Jetztmenschen hervorgegangen.

*

Die Jetztmenschen zwischen etwa 35.000 und 10.000 Jahren vor heute haben besonders viele

Neuerungen hervorgebracht. Sie schufen die ersten Speerschleudern, Harpunen, Pfeil und Bogen, Angelhaken, Nähnadeln, „Tauchsieder", Wasserfahrzeuge, Schmuckketten, Armringe, Knochenflöten, Kunstwerke, Höhlenheiligtümer, zähmten Jungwölfe als Haustiere (Hunde) und entwarfen vielleicht auch die frühesten Kalender und Landkarten. Vor allem ihre prächtigen Höhlenmalereien in Frankreich (Lascaux) und Spanien (Altamira) lassen noch heute die Betrachter staunen. Schöner können auch heutige Künstler wilde Tiere nicht darstellen.

Aus der Zeit der frühen Jetztmenschen stammen die ersten Darstellungen von Gottheiten. Diese treten in Gestalt von rätselhaften Mischwesen mit menschlichen und tierischen Merkmalen auf. So trägt eine mehr als 30.000 Jahre alte

Bilder auf den Seiten 42 und 43:

Rentierjagd in der Altsteinzeit
vor mehr als 11.500 Jahren in Süddeutschland.
Gemälde von Fritz Wendler
für das Buch
„Deutschland in der Steinzeit" (1991)
von Ernst Probst

Frauenfigur aus der Höhle Hohlenstein-Stadel den Kopf einer Höhlenlöwin. Solche Raubkatzen mit einer Länge bis zu 3,20 Metern und einer Höhe bis zu einem Meter gehörten zu den gefährlichsten Raubtieren im ausgehenden Eiszeitalter. Andere Kunstwerke aus Frankreich zeigen Schamanen (Zauberer) in tierischer Verkleidung. Vor mehr als 20.000 Jahren spielten üppige Frauenfiguren mit prallem Gesäß und stark betonten Brüsten eine in Einzelheiten unbekannte Rolle in der Gedankenwelt.

Grundlage der Ernährung waren vor allem die Jagd auf Rentier-, Wildpferd- und Mammutherden. Daneben wurden Schneehühner und Schneehasen erlegt und Kräuter, Früchte und Beeren gesammelt. Gekocht hat man gerne in mit Tierhäuten ausgekleideten und mit Kochgut gefüllten kleinen Gruben, in die im Feuer erhitzte

Ein Jäger aus der Altsteinzeit vor mehr
als 30.000 Jahren schnitzt aus
Mammutelfenbein eine Frauenfigur
mit Löwenkopf.

Steine geworfen wurde. Es waren die ersten Tauchsieder der Menschheit.

*

Die Klimaverbesserung gegen Ende des Eiszeitalters veränderte radikal die Pflanzen- und Tierwelt sowie die Umwelt der Menschen. Vor etwa 10.000 Jahren hatten sich die Gletscher in Skandinavien und in den Alpen weit zurückgezogen. Noch vor rund 20.000 Jahren reichten sie im Norden bis Hamburg und im Süden fast bis München. Die allmählich steigenden Temperaturen ließen an Stelle von Steppen wieder Wälder wachsen. Statt Mammuten, Rentieren und Wildpferden gab es bald nur noch Rothirsche, Rehe und Auerochsen.

Der Beginn der Nacheiszeit vor etwa 10.000 Jahren markiert auch den Anfang der mittleren Steinzeit. Sie dauerte in den meisten Gebieten Mitteleuropas von etwa 10.000 bis 7.000 Jahren. Typisch für diesen Abschnitt sind die auffällig kleinen Werkzeug- und Waffenteile von oft nur Daumennagelgröße. Diese so genannten Mikrolithen haben früher zu allerlei Sagen über Zwerge geführt, weil man sie nicht mit normalen Menschen in Verbindung bringen wollte.

Anders als ihre Vorgänger waren die Jäger und Sammler der Mittelsteinzeit schon sesshafter. Ihr Wild war im Gegensatz zu den Herdentieren der älteren Steinzeit standorttreu. In der Mittelsteinzeit gewann der Fischfang größere Bedeutung als zuvor. Das spiegelt sich im Fundgut durch Reste der ersten Fischnetze und -reusen sowie durch Paddel und

Einbäume, mit denen man zum Fischfang fuhr.

*

Einen Einblick in die Gedankenwelt der mittelsteinzeitlichen Jäger, Sammler und Fischer erlauben vor allem die merkwürdigen Kopfbestattungen aus süddeutschen Höhlen. Am berühmtesten ist die vor mehr als 7.500 Jahren in der Großen Ofnethöhle in Bayern erfolgte Kopfbestattung von insgesamt 33 Männer-, Frauen- und Kinderschädeln. All diesen Menschen hatte man den Schädel eingeschlagen und vom Hals getrennt. Funde aus Nordrhein-Westfalen, Brandenburg und Mecklenburg verraten, dass die mittelsteinzeitlichen Zauberer bei bestimmten Anlässen Hirschschädelmasken

Bilder auf den Seiten 50 und 51:

Alltag in einer Siedlung
der Mittelsteinzeit vor mehr als 8.000 Jahren
in Schleswig-Holstein.
Gemälde von Fritz Wendler
für das Buch
„Deutschland in der Steinzeit" (1991)
von Ernst Probst

trugen und damit wohl ekstatische Tänze aufführten. Dabei erflehten sie vermutlich einen guten Jagderfolg oder Gesundung von Kranken.

Die Mittelsteinzeit endet in vielen Gebieten Mitteleuropas vor mehr als 7.000 Jahren mit den Neuerungen Ackerbau, Viehzucht und Töpferei. Wenn diese Errungenschaften archäologisch nachweisbar sind, spricht man von der jüngeren Steinzeit. Als die ersten Bauern in Deutschland gelten die Angehörigen der so genannten Linienbandkeramischen Kultur. Deren etwas merkwürdig klingender Name ist von den typischen bänderartigen Verzierungen der Tongefäße abgeleitet. Die Linienbandkeramiker schufen eine völlig neue Welt. Sie errichteten bis zu 40 Meter lange Holzhäuser, züchteten Rinder, Schweine. Ziegen und Schafe und bauten

Bilder auf den Seiten 54 und 55:

Alltag in einer befestigten Siedlung
von Ackerbauern aus der Jungsteinzeit
vor rund 7.000 Jahren
in Nordrhein-Westfalen.
Gemälde von Fritz Wendler
für das Buch
„Deutschland in der Steinzeit" (1991)
von Ernst Probst

Getreide und Hülsenfrüchte an. Jagd und Fischfang verloren ihre Bedeutung.

Die frühen Bauern sind offenbar aus Südosteuropa nach Mitteleuropa eingewandert. Bevor sie ihre Siedlungen und Felder anlegten, mussten sie erst mit Steinbeilen und Feuer den urwaldähnlichen Laubwald roden. Aus Furcht vor Überfällen wurden manche Siedlungen mit tiefen und breiten Gräben, Wällen und Palisaden umgeben. Auf unruhige Zeiten deuten auch menschliche Skelette mit Verletzungsspuren hin.

Die Sorge um das Gedeihen der Ernte und des Viehs bewog die Linienbandkeramiker zu blutigen Menschenopfern. die sie einer im Schoß der Erde oder in Höhlen vermuteten Fruchtbarkeitsgöttin darbrachten. Manchmal dienten kleine tönerne Menschenfiguren, die man

Bau eines Großsteingrabes
in der Jungsteinzeit vor etwa 5.500 Jahren
in Norddeutschland

zerstückelte, als unblutige Ersatzopfer. Teilweise hat man solche Tonfiguren aber auch zusammen mit Menschen geopfert.

Die Linienbandkeramische Kultur ist in Deutschland nur eine von insgesamt drei Dutzend jungsteinzeitlichen Kulturen. Diese werden zumeist nach der Verzierung oder Form der Tongefäße, nach einem typischen Fundort oder nach der Art der Gräber benannt. So gibt es beispielsweise eine Stichbandkeramische Kultur, eine Trichterbecher-Kultur, eine Hinkelstein-Gruppe und eine Einzelgrab-Kultur. Die Angehörigen der Trichterbecher-Kultur haben mit tonnenschweren Steinen imposante Großsteingräber (Megalithgräber) errichtet. Solche eindrucksvollen Bauwerke kennt man aus Niedersachsen, Schleswig-Holstein und Mecklenburg-Vorpommern.

Befestigte Siedlung („Steinzeitburg")
der Jungsteinzeit vor rund 5.000 Jahren
in Hessen

Schädeloperation (Trepanation)
der Jungsteinzeit vor rund 5.000 Jahren
in Mitteldeutschland

Großsteingräber hat man einst
als das Werk von Riesen betrachtet.
Man konnte sich nicht vorstellen,
dass Menschen sie errichteten.

Während der jüngeren Steinzeit sind zahlreiche Erfindungen geglückt, die teilweise von großer Tragweite für die weitere Entwicklung der Menschheit waren. Neben Ackerbau, Viehzucht und Töpferei sind dies unter anderem die ersten stadtähnlichen Siedlungen, früheste Befestigungen (Steinzeitburgen), Seeufersiedlungen (Pfahlbauten), Bergsiedlungen, Vorformen der Schrift, Anfänge der Astronomie, Bergwerke, Metalle (Kupfer, Gold, Silber), Wege, Straßen, Wagen, Reittiere, Pflüge, Schädeloperationen, Stoffe, Großsteingräber mit tonnenschweren Bauteilen und riesige Heiligtümer unter freiem Himmel.

Das Ende der Steinzeit wird durch das Aufkommen der neuen Metalllegierung namens Bronze markiert. In Süddeutschland war dies schon vor etwa 4.000 Jahren der Fall, in Nord-

*Auf einem Lebensbild von 1921 wurden
die Menschen der Bronzezeit
als Jäger und Viehzüchter dargestellt.*

deutschland dagegen erst einige Jahrhunderte später. Generell galt in der damaligen Welt, dass der Süden stets etwas fortschrittlicher war als der Norden. Aus diesem Grund begann auch die Eisenzeit im Süden früher als im Norden.

Tanzender Zauberer
in der Mittelsteinzeit vor etwa 10.000 Jahren
in Nordrhein-Westfalen

Literatur zum Thema:

PROBST, Ernst: Deutschland in der Urzeit, München 1986

PROBST, Ernst: Deutschland in der Steinzeit, München 1991

PROBST, Ernst: Deutschland in der Bronzezeit, München 1996

PROBST, Ernst: Rekorde der Urzeit. Landschaften, Pflanzen und Tiere, München 2008

PROBST, Ernst: Rekorde der Urmenschen. Erfindungen, Kunst und Religion, München 2008

PROBST, Ernst: Eiszeitliche Raubkatzen in Deutschland, München 2010

PROBST, Ernst: Deutschland im Eiszeitalter, München 2010

PROBST, Ernst: Das Moustérien. Die große Zeit der Neandertaler, München 2011

PROBST, Ernst: Das Rätsel der Großsteingräber. Die nordwestdeutsche Trichterbecher-Kultur, München 2011
PROBST, Ernst: Die Frühbronzezeit in
Deutschland, München 2011

Bildquellen

Klaus Benz, Fotograf, Mainz-Laubenheim: 72
Naturhistorisches Museum Mainz: 27
Reproduktion einer Zeichnung aus Karl Schumacher: Handbücher des römisch-germanischen Central-Museums, Nr. 1. Siedelungs- und Kulturgeschichte der Rheinlande von der Urzeit bis in das Mittelalter. I. Band: Die Vorrömische Zeit, Tafel 20, Mainz 1921): 64
Reproduktion eines Porträts aus Jorn Street-Jensen: Christian Jürgensen Thomsen und Ludwig Lindenschmit. Eine Gelehrtenkorrespondenz aus der Frühzeit der Altertumskunde (1853–1864), Mainz 1985: 10
Rekonstruktion des Neandertalers aus dem Jahre 1888 durch den Bonner Anatom und

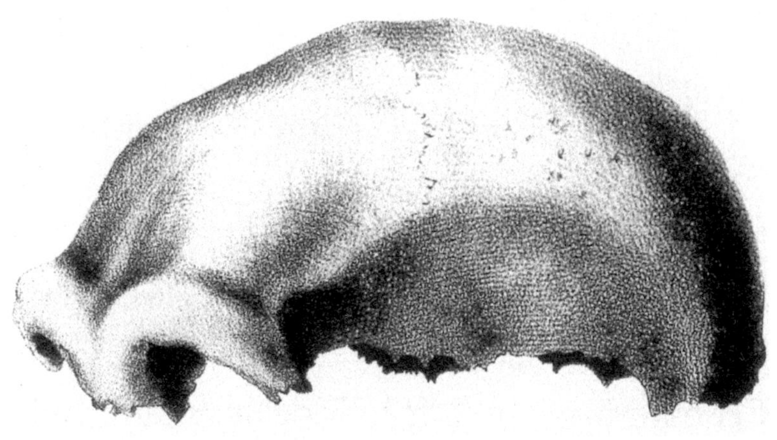

Schädeldach des 1856 im Neandertal
bei Düsseldorf-Mettmann
entdeckten Neandertalers
in der von Johann Carl Fuhlrott (1803–1877)
veröffentlichten Zeichnung

Anthropologen Hermann Schaaffhausen (1816–1893): 32

Reproduktion einer Zeichnung aus: Johann Heinrich Bongard: Wanderung zur Neandershöhle – Eine topographische Skizze der Gegend von Erkrath an der Düssel (1835): 37

Reproduktion einer Zeichnung des Pastors Johan Picardt (1600–1670): 62

Reproduktionen von Gemälden des Kunstmalers Fritz Wendler (1941–1995) für das Buch „Deutschland in der Steinzeit" (1991) von Ernst Probst: 42, 43, 50, 51, 54, 55

Reproduktionen von Zeichnungen des Kunstmalers Fritz Wendler (1941–1995) für das Buch „Deutschland in der Steinzeit" (1991) von Ernst Probst: 1, 4, 6, 18, 19, 30, 38, 46, 58, 60, 61, 66

Reproduktionen von Gemälden des Kunstmalers Fritz Wendler (1941–1995) für das Buch

Rekonstruktion eines Neandertalers
im „Neanderthal-Museum"
im Neandertal bei Düsseldorf-Mettmann

Autor Ernst Probst

Der Autor Ernst Probst

Ernst Probst, geboren am 20. Januar 1946 in Neunburg vorm Wald im bayerischen Regierungsbezirk Oberpfalz, ist Journalist und Wissenschaftsautor. Er arbeitete von 1968 bis 1971 als Redakteur bei den „Nürnberger Nachrichten", von 1971 bis 1973 in der Zentralredaktion des „Ring Nordbayerischer Tageszeitungen" in Bayreuth und von 1973 bis 2001 bei der „Allgemeinen Zeitung", Mainz. In seiner Freizeit schrieb er Artikel für die „Frankfurter Allgemeine Zeitung", „Süddeutsche Zeitung", „Die Welt", „Frankfurter Rundschau", „Neue Zürcher Zeitung", „Tages-Anzeiger", Zürich, „Salzburger Nachrichten", „Die Zeit", „Rheinischer Merkur", „Deutsches Allgemeines Sonntagsblatt", „bild der wissenschaft", „kosmos",

„Deutsche Presse-Agentur" (dpa), „Associated Press" (AP) und den „Deutschen Forschungsdienst" (df). Aus seiner Feder stammen die Bücher „Deutschland in der Urzeit" (1986), „Deutschland in der Steinzeit" (1991), „Rekorde der Urzeit" (1992), „Dinosaurier in Deutschland" (1993 zusammen mit Raymund Windolf) und „Deutschland in der Bronzezeit" (1996). Von 2001 bis 2006 betätigte sich Ernst Probst als Buchverleger sowie zeitweise als internationaler Fossilienhändler und Antiquitätenhändler. Insgesamt veröffentlichte er mehr als 200 Bücher, Taschenbücher, Broschüren und E-Books.

Gemälde auf Seite 79:

Tierwelt vor etwa 20.000 Jahren in Kalifornien:
Präriemammute, Wildhunde und riesige Löwen.
Fossile Reste von solchen Tieren
hat man am Fundort Rancho La Brea
in Los Angeles (Kalifornien) entdeckt.
Gemälde von Shuhei Tamura (Japan)

Bücher von Ernst Probst (Auswahl)

Paläontologie: Deutschland in der Urzeit, Rekorde der Urzeit (1992), Rekorde der Urzeit. Landschaften, Pflanzen und Tiere (2008), Dinosaurier in Deutschland (1993 zusammen mit Raymund Windolf), Archaeopteryx. Der Urvogel in Bayern, Dinosaurier in Deutschland. Von Compsognathus bis zu Stenopelix (2010), Dinosaurier in Baden-Württemberg, Dinosaurier in Niedersachsen, Dinosaurier von A bis K, Dinosaurier von L bis Z, Raub-Dinosaurier von A bis Z, Deutschland im Eiszeitalter, Der Ur-Rhein, Als Mainz noch nicht am Rhein lag, Der Rhein-Elefant, Krallentiere am Ur-Rhein, Menschenaffen am Ur-Rhein, Säbelzahntiger am Ur-Rhein, Höhlenlöwen, Der Höhlenlöwe, Der Mosbacher Löwe, Säbelzahnkatzen, Die

Dolchzahnkatze Megantereon, Die Dolchzahnkatze Smilodon, Die Säbelzahnkatze Homotherium, Die Säbelzahnkatze Machairodus, Der Europäische Jaguar, Eiszeitliche Geparde in Deutschland, Eiszeitliche Leoparden in Deutschland, Eiszeitliche Raubkatzen in Deutschland, Der Amerikanische Höhlenlöwe, Der Ostsibirische Höhlenlöwe, Löwenfunde in Deutschland, Österreich und der Schweiz, Der Höhlenbär, Johann Jakob Kaup. Der große Naturforscher aus Darmstadt

Archäologie: Deutschland in der Steinzeit, Rekorde der Urmenschen. Erfindungen, Kunst und Religion, Deutschland in der Bronzezeit, Deutschland in der Frühbronzezeit, Die Bronzezeit, Die Aunjetitzer Kultur in Deutschland, Die Straubinger Kultur in

Deutschland, Die Singener Gruppe, Die Arbon-Kultur in Deutschland, Die Ries-Gruppe und die Neckar-Gruppe, Die Adlerberg-Kultur, Der Sögel-Wohlde-Kreis, Die nordische Bronzezeit in Deutschland, Deutschland in der Mittelbronzezeit, Die Hügelgräber-Kultur in Deutschland, Die ältere Bronzezeit in Nordrhein-Westfalen, Die Bronzezeit in der Lüneburger Heide, Die Stader Gruppe, Die Oldenburg-emsländische Gruppe, Deutschland in der Spätbronzezeit, Die Urnenfelder-Kultur in Deutschland, Die Unstrut-Gruppe, Die Helmsdorfer Gruppe, Die Saalemündungs-Gruppe, Die Lausitzer Kultur in Deutschland, Österreich in der Frühbronzezeit, Die Leithaprodersdorf-Gruppe, Die Aunjetitzer Kultur in Österreich, Die Straubinger Kultur in Österreich, Die Unterwölblinger Gruppe, Die Wieselburger

Kultur, Die Litzenkeramik oder Draßburger Kultur, Die Attersee-Gruppe, Österreich in der Mittelbronzezeit, Die Hügelgräber-Kultur in Österreich, Österreich in der Spätbronzezeit, Die Urnenfelder-Kultur in Österreich, Die Nordtiroler Urnenfelder-Kultur, Die Laugen-Melaun-Gruppe, Die Caka-Kultur, Die Schweiz in der Frühbronzezeit, Die Rhône-Kultur, Die Arbon-Kultur in der Westschweiz, Die Inneralpine Bronzezeit-Kultur in der Schweiz, Die Schweiz in der Mittelbronzezeit, Die Hügelgräber-Kultur in der Schweiz, Die Schweiz in der Spätbronzezeit, Die Urnenfelder-Kultur in der Schweiz, Die Laugen-Melaun-Gruppe in der Schweiz, Das Moustérien. Die große Zeit der Neandertaler, Das Rätsel der Großsteingräber. Die nordwestdeutsche Trichterbecher-Kultur

Kryptozoologie: Affenmenschen, Das Einhorn, Der Drache, Nessie. Das Monsterbuch, Monstern auf der Spur, Riesen, Seeungeheuer

Biografien: 14 Taschenbücher über Superfrauen (Superfrauen 1 – Geschichte, Superfrauen 2 – Religion, Superfrauen 3 – Politik, Superfrauen 4 – Wirtschaft und Verkehr, Superfrauen 5 – Wissenschaft, Superfrauen 6 – Medizin, Superfrauen 7 – Film und Theater, Superfrauen 8 – Literatur, Superfrauen 9 – Malerei und Fotografie, Superfrauen 10 – Musik und Tanz, Superfrauen 11 – Feminismus und Familie, Superfrauen 12 – Sport, Superfrauen 13 – Mode und Kosmetik, Superfrauen 14 – Medien und Astrologie), Christl-Marie Schultes. Die erste Fliegerin in Bayern, Tony und Bruno Werntgen. Zwei Leben für für Luftfahrt, Drei Königinnen der Lüfte in Bayern (zusammen mit Josef Eimannsberger), Frauen im Weltall, Königinnen der Lüfte, Königinnen der Lüfte von A bis Z. Biografien berühmter Fliegerinnen, Ballonfahrerinnen, Luftschifferinnen, Fallschirmspringerinnen und Astronautinnen, Königinnen der Lüfte in Deutschland, Königinnen der Lüfte in Frankreich, Königinnen der Lüfte in England, Australien und Neuseeland, Königinnen der Lüfte in Europa, Königinnen der Lüfte in Amerika, Theo Lederer. Ein Flugzeugsammler aus Oberbayern, Königinnen des Films, viele Kurzbiografien über weibliche Filmstars aus aller Welt von Lucille Ball bis zu Mae West, Königinnen des Tanzes, Königinnen des Theaters, Superfrauen aus dem Wilden Westen, Malende Superfrauen, Der Schwarze Peter. Ein Räuber aus dem Hunsrück und Odenwald,

Meine Worte sind wie die Sterne. Die Entstehung der Rede des Häuptlings Seattle (zusammen mit Sonja Probst), Pocahontas. Die Indianer-Prinzessin aus Virginia, Elisabeth I. Tudor. Die jungfräuliche Königin, Lucrezia Borgia. Die schöne Tochter eines Papstes, Franziska Streitel. Die „Dienerin Gottes" aus Franken, Maria Stuart. Schottlands tragische Königin, Machbuba. Die Sklavin und der Fürst, Hildegard von Bingen. Die deutsche Prophetin, Julchen Blasius. Die Räuberbraut des Schinderhannes, Zenobia. Eine Frau kämpft gegen die Römer, Cortés und Malinche. Der spanische Eroberer und seine indianische Geliebte, Katharina II. die Große. Die Deutsche auf dem Zarenthron, Pompadour und Dubarry. Die Mätressen von Louis XV., zahlreiche Kurzbiografien über berühmte Fliegerinnen, Ballonfahrerinnen, Luftschifferinnen, Fallschirmspringerinnen, Astronautinnen und Kosmonautinnen aus aller Welt von Aida de Acosta bis zu Nancy Bird Walton.

Interviews: Was ist ein Menhir? Interview mit dem Mainzer Archäologen Dr. Detert Zylmann über Hinkelsteine, Wer ist der kleinste Dinosaurier? Interviews mit dem Wissenschaftsautor Ernst Probst, Wer ist der Stammvater der Insekten? Interview mit dem Stuttgarter Biologen und Paläontologen Dr. Günter Bechly, Neues vom Ur-Rhein. Interview mit dem Geologen und Paläontologen Dr. Jens Sommer

Aphorismen: Der Ball ist ein Sauhund. Weisheiten und Torheiten über Fußball, Worte sind wie Waffen. Weisheiten und Torheiten über die Medien (beide zusammen mit Doris Probst,

Schweigen ist nicht immer Gold. Zitate von A bis Z, Weisheiten der Indianer

Die meisten dieser Titel sind beim GRIN Verlag und in zahlreichen Online-Buchshops sowie in jeder guten Buchhandlung erhältlich. Der GRIN Verlag mit Sitz in München hat sich seit der Gründung im Jahr 1998 auf die Veröffentlichung akademischer Texte spezialisiert. Die Verlagsseite www.grin.com ist für Studenten, Hochschullehrer und andere Akademiker die ideale Plattform, ihre Fachtexte, Studienarbeiten, Abschlussarbeiten oder Dissertationen einem breiten Publikum zu präsentieren.